Ingeborg Buchholz · Der Breite Weg – Magdeburg
Geschichten einer Straße

Ingelore Buchholz

Der Breite Weg – Magdeburg
Geschichten einer Straße

HELMUTH-BLOCK-VERLAG · MAGDEBURG

Buchholz, Ingelore:

Der Breite Weg - Magdeburg: Geschichten einer
Straße / Ingelore Buchholz, Konstanze Buchholz, Maren Ballerstedt

Magdeburg: Helmuth-Block-Verlag, 1990

ISBN 3-910173-00-4

Alle Rechte, auch die des auszugsweisen
Nachdrucks, der fotomechanischen Wiedergabe
und der Übersetzung vorbehalten

Helmuth-Block-Verlag, Magdeburg 1990

Druck: RGG Druck- und Verlagshaus

Vorwort

Liebe Leserinnen und lieber Leser,

dieser Band, der nun vor Ihnen liegt, ist der erste in einer von meinem Verlag geplanten Reihe. Die Vergangenheit und die Gegenwart des Landes Sachsen-Anhalt sind wichtige Themen in diesen Publikationen.

Rückblick und Gegenwart sind unablässige Bestandteile unserer Zukunft, um diese unsere Zukunft geht es in der Arbeit in meinem Verlag.

Die **B**lock-**N**eue-**R**eihe wird sich mit Themen auseinandersetzen, die für unser Land Sachsen-Anhalt und darüber hinaus von Bedeutung sind.

Die Schönheit der Stadt Magdeburg, speziell des Breiten Weges vor seiner Zerstörung im Jahre 1945, ist Gegenstand des ersten Bandes.

Bände über Dessau, Halle, Köthen, Werningerrode, Mansfeld, Stendal, Salzwedel, Bitterfeld und Merseburg werden folgen.

Kunst, Kultur, Wissenschaft und Optimismus sind die Quellen, aus denen wir schöpfen

Ihr
Helmuth Block

Nordabschnitt des Breiten Weges aus den 20er Jahren des 20. Jahrhunderts.
Schon seit dem frühen Mittelalter durchzieht der Breite Weg die Altstadt Magdeburg. Sein Name kommt 1207 erstmalig in der Schöppenchronik vor, als von dem Feuer berichtet wurde, dem auch der ottonische Dom zum Opfer fiel: „in dem stillen fridage to middage als men dat cruz erede, erhof sik ein vuer up dem Breden Wege, und de vlammen vlogen up den dom, und vorbranden munster torne reventer und dat closter to male und ok de marstal almeistich, und alle de clocken velen funder ein cleine."[1]

Die städtebauliche Entwicklung Magdeburgs im Mittelalter

1 Dom
2 Kloster Unser Lieben Frauen
3 St. Sebastian
4 St. Nicolai
5 Gangolfi-Kapelle
6 Dominikaner-Kloster
7 Franziskaner-Kloster
8 Gertrauden-Stift
9 Maria-Magdalenen-Kloster
10 Augustiner-Kloster
11 Johannis-Kirche
12 Petri-Kirche
13 Heiligegeist-Kirche
14 Ulrich-Kirche
15 Katharinen-Kirche
16 Jakobi-Kirche

Erläuterung

Siedlungsgeb. in der 1. H. des 11. Jh.
Erweiterung bis Ende des 12. Jh.
Erweiterung in der 1. H. des 13. Jh.
Besiedlung in der 2. H. des 13. Jh.
Spätere Bebauung

Ursprünglich eine Heer- und Handelsstraße, entwickelte sich der Breite Weg zur schönsten, längsten und breitesten Straße unserer Stadt. Um 1180 führte der Breite Weg etwa von der heutigen Danzstraße bis zum Ratswaageplatz. Als sich seit dem 13. Jahrhundert die Stadt nach Norden erweitert, wurde auch der nördliche Teil des Breiten Weges in das Stadtgebiet einbezogen. Die Straße verlief nun vom früheren Sudenburger Tor bis zum Krökentor. Ihr Antlitz hat sich im Laufe der Geschichte gewandelt.

Der Sturm von Magdeburg am 10ten May im Jahre 1631.

Die Hauptstraße Magdeburgs erlitt durch die beiden Zerstörungen der Stadt – 1631 und 1945 – großen Schaden. So sind heute auf dem Breiten Weg keine Häuser aus der Zeit vor dem Dreißigjährigen Krieg mehr zu finden und nur wenige aus der Zeit vor 1945.

In einer zeitgenössischen Quelle wird über die Zerstörung Magdeburgs am 10. Mai 1631 berichtet:

„Ist also diese schöne Stadt auff einen Tag im Rauche auffgangen, darinnen durch die schärffe des Schwerts als durchs Fewr so viel 1000. Seelen (wie gemelt) nebenst allem Reichthumb, vmbkommen, also gar, daß auch seither der Verstörung Jerusalem fast kein elender Spectakel vnter den Christen gehört worden."[2]

Noch lange wurden die Menschen an dieses schreckliche Ereignis erinnert, z. B. durch Hausinschriften entlang des Breiten Weges, so am Haus Nr. 152:

„Als man sechszehn hundert Jahr ein und dreisig hat geschrieben, hat dies Haus der Feinde Schaar mit den Flammen aufgerieben nebenst andern Stadt-Gebewen. An dem zweimal fünften Maien Tausend vnd sechshundert Jahr, sechzig hat man auch gezehlet, als nach solcher Kriegs-Gefahr aufzubauen hat erwehlet dieses Haus an diesen Steig Arend Köpke von Braunschweig."³

In der Mitte des 18. Jahrhunderts, rund ein Jahrhundert nach dem Dreißigjährigen Krieg, bot Magdeburg ein Bild, das die Schwere der Zerstörung von 1631 kann noch erahnen ließ. Durch den Fleiß der Bewohner und die Tatkraft der Handels- und Manufakturunternehmer, schließlich auch durch verschiedene Maßnahmen des brandenburgisch-preußischen Territorialstaates – wie etwa die Ansiedlung von Franzosen, Pfälzern und Wallonen – war in Magdeburg seit Ende des 17. Jahrhunderts eine rege Bautätigkeit zu verzeichnen. Repräsentative Bauten für Behörden und wohlhabende Bürger entstanden auf dem Domplatz sowie auf dem Breiten Weg und verkündeten wachsende wirtschaftliche Kraft.

Ein lebendiges Stimmungsbild Magdeburgs aus dem letzten Drittel des 18. Jahrhunderts vermittelt der zeitgenössische Schriftsteller und Historiker Friedrich Schulz in seinen Briefen, die unter dem Titel „Kleine Wanderungen durch Teutschland" 1784 und 1785 in der Monatsschrift „Teutscher Merkur" erschienen sind. Schulz schreibt darin:

„Ueberhaupt giebt Magdeburg eine Ansicht, die man nicht leicht bei einer anderen Stadt wiederfindet: das Mehrste tragen wohl die schönen Doppelthürme, die fast jede Kirche hat, dazu bei . . . Wer auf dem Breitenwege wohnt, einer Straße, die wenigstens eine halbe Stunde lang und gewiß vierzig gestreckte Schritte breit ist, kann unmöglich hypochondrisch werden: solch ein Gewimmel von Menschen aus allen Ständen drängt sich hier, besonders in den Morgenstunden. Doch ist nicht die ganze Straße so lebhaft. Das eine Drittel, von dem Sudenburger Thore an, wo ich gestern hereinkam, bis zur deutsch-reformirten Kirche, ist still, weil auf beiden Seiten fast lauter Capitalisten oder Leute, die von ihren Pfründen leben, dicht verschlossen in ihren Häusern, Gottes reinen Himmel nur aus dem Fenster und seine Geschöpfe nur durch die Lorguette ansehen.

Das zweite Drittel ist das lebhafteste. Hier wohnen Kaufleute, Kornhändler, Brauer, Branntweinbränner, Bäcker, dicht auf einander, und die Gasthöfe, die dazwischen liegen, tragen auch zur Lebhaftigkeit das ihrige in vollem Maße bei. Weiter herunter, von der Rathswaage, sinkt die Lebhaftigkeit und die Menschen werden wieder ziemlich einzeln."⁴

In einer anderen zeitgenössischen Schilderung wird der Breite Weg bezeichnet als „Prunkzimmer Magdeburgs, wohinein der Genius dieser Stadt, der in seinem ganzen Hause eben nicht die beste Eleganz beobachtete, die Fremden von Süden, Westen und Norden zu führen eilt, um von seinem Glanze und Wohlstand eine gute Idee zu erwecken."⁵

Im Gegensatz zu anderen Straßen Magdeburgs war der Breite Weg im 18. Jahrhundert bereits gepflastert.

Am 30. Juli 1698 beschloß der Magistrat, den Steinweg „mitten auf dem Breiten Wege zu ändern und diesen fein gleich zu machen."⁶

Eine Verfügung zur Reinigung der Gassen hat es bereits am 28. April 1695 gegeben.⁷

Breiter Weg 213a – Hier etwa befand sich das Sudenburger Tor.

Das Sudenburger Tor war eines der sechs Stadttore Magdeburgs und bildete den südlichen Abschluß des Breiten Weges. Der Bau des Tores wurde 1546 vollendet. Im Zuge der Stadterweiterung wurde es nach 1870 abgerissen.

Am Krökentor – vom Breiten Weg aus gesehen.

Das Krökentor bildete den nördlichen Abschluß des Breiten Weges. Um das Krökentor rankt sich die Sage vom eingemauerten Kind.

„Magdeburg, eine uralte Stadt, die schon zu Anfang des 9. Jahrhunderts von Karl dem Großen zum äußersten Handelsplatz für die Kaufleute bestimmt wurde, die mit den Wenden und Avaren handelten, hat ihren höheren Aufschwung vornehmlich dem Kaiser Otto dem Ersten zu verdanken, oder vielmehr dessen erster Gemahlin Editha.

Diese Kaiserin, eine angelsächsische Prinzessin, fand an der Elbe in Magdeburg eine so große Ähnlichkeit mit ihrer Heimat an der Themse, daß sie gern daselbst verweilte. Als Magdeburg bei einem Einfall der Slawen, die sich mit den Ungarn vereinigt hatten, bis auf den Grund niedergebrannt worden war, ließ sie es ihre Sorge sein, die Stadt wieder aufzubauen und nun mit festen Wällen und Mauern zu versehen, um einer Wiederholung solchen Unglücks vorzubeugen. Hierin wurde sie dann von dem Kaiser kräftig unterstützt, der Magdeburg ganz und gar zu einem möglichst uneinnehmbaren Platz zu machen bestrebt war.

Bei dieser Gelegenheit war es, daß man mit dem letzten Tore, dem Krökentor, durchaus nicht fertig werden konnte. Wenn es seiner Vollendung nahe war, dann stürzte ein Teil des Baues immer wieder ein, und die Bauleute waren schließlich völlig ratlos, da sie keine Ursache zu entdecken vermochten, die ihre Bemühungen so erfolglos machte.

Auch Kaiser Otto schüttelte den Kopf zu diesem unerklärlichen Ereignis und zog, als wieder einmal der Schluß der ganzen Festungsarbeit durch den Einsturz des Krökentores vereitelt worden war, einen weisen Astrologen zu Rate. Der befragte die Sterne, rechnete und rechnete und kam endlich zu dem rätselhaften Ausspruch: das Mauerwerk des Tores werde nicht eher bestehen, als bis ein ganz junges, von seiner Mutter freiwillig dazu hergegebenes Kind lebendig mit eingemauert werden würde. Das hieß nun ungefähr ebensoviel wie niemals, denn daß sich eine Mutter finden würde, die ihr Kind zu solchem Zwecke freiwillig opferte, schien dem Kaiser sowohl wie auch seinen Räten undenkbar.

Dennoch erhielt der Henker von Magdeburg den Auftrag, sich in der Stadt und in der Umgegend umzutun, ob er ein solch gottloses Weib finden könnte, das für eine hohe Summe Geldes ihr Kind verkaufte, um dasselbe einem so schrecklichen Tode preiszugeben.

Auch der Henker suchte, wie erwartet, lange Zeit vergebens. Endlich aber fand er doch eine leichtsinnige, gewissenlose Frauensperson mit einem kleinen Kinde, die sich dazu bereit erklärte, da sie meinte, daß sie doch noch eine gute Heirat machen würde, wenn sie ein ordentlich Stück Geld hätte. Wohl stellte man ihr nun noch ernstlich vor, daß sie sich wohl überlegen möchte, was sie tun wolle, daß ihr Kind einem qualvollen Tode geopfert werden würde und unrettbar verloren sei, aber sie antwortete keck, daß dies einer weiteren Überlegung nicht mehr bedürfe, da sie es nach allen Seiten hin schon reiflich überlegt habe, daß sie für einen so wichtigen Zweck ihr Kind gern hingeben wolle und man ihr das Geld nur auszahlen möchte.

Das geschah denn auch, und die unnatürliche Mutter verschwand aus Magdeburg. Das unglückliche Kind aber wurde wirklich eingemauert. Man baute eine Art Nische, in die es gesetzt wurde, so daß es von dem Mauerwerk nicht erdrückt werden konnte, und ließ oben eine Öffnung zum Zutritt der Luft. Es hat sich danach niemand weiter um das arme kleine Wesen gekümmert, und da das Mauerwerk des Tores nun wirklich hielt und nicht wieder einfiel, woran das eingemauerte Kind jedenfalls sehr unschuldig gewesen, so geriet die Untat auch bald gänzlich in Vergessenheit. Fünfzig Jahre später sollte sie jedoch noch einmal wieder ans Tageslicht gezogen werden. Es erschien nämlich im Jahre 987 am Hofe des Erzbischofs Gisilar in Magdeburg ein altes Mütterchen, welches den Kirchenfürsten fußfällig bat, daß er die Gnade haben möchte, in dem Krökentor nach den Gebeinen ihres Kindes suchen zu lassen, welches bei dem Bau der Festungswerke vor fünfzig Jahren daselbst lebendig eingemauert worden sei.

Der Erzbischof mochte an eine so frevelhafte Tat nicht glauben. Er hieß daher die Bettlerin verpflegen und ließ in den Archiven nachschlagen; aber zu seinem Staunen fand sich da wirklich ein solches Ereignis verzeichnet, so daß er der Alten wohl Glauben schenken mußte. So forschte er sie denn des Näheren aus. Sie erzählte ihm nun ausführlich den ganzen Hergang, wie er vor fünfzig Jahren wirklich geschehen war, und fuhr dann in ihren Bekenntnissen fort. Sie habe geglaubt, mit dem Gelde leicht einen Mann finden zu können, der sie heiratete, aber jeder habe sich mit Schaudern von ihr abgewendet. Da habe sie sich denn nach Thüringen aufgemacht und dort still bei Verwandten gelebt.

Ihr Gewissen habe ihr aber keine Ruhe gelassen, und seit einigen Wochen sei es gar schlimm geworden, denn nachts sei ihr der Knabe erschienen und habe sie aufgefordert, ihn zu befreien, da er noch am Leben sei, weil ihn Vögel die lange Reihe von Jahren gefüttert und erhalten hätten. Da habe es sie endlich nicht mehr gelitten, sie habe sich deshalb aufgemacht und nach Magdeburg durchgebettelt, um zu sehen, was sie noch tun könnte, um den Wunsch des eingemauerten Knaben zu erfüllen.

Der Erzbischof fiel aus einem Staunen immer in das andere; da das Weib jedoch die Stelle an dem Tore genau bezeichnen konnte, wo damals die Nische mit dem Kinde angebracht worden, so wollte er diese rätselhafte Sache doch untersuchen.

Man legte Leitern an, ein Mann stieg hinauf und fand nach der Anweisung der Alten ziemlich hoch oben die offene Nische. Entsetzt stieg er aber wieder herab und behauptete, es sei eine menschliche Figur darin, die ihn mit funkelnden Augen angestarrt habe. Da der Erzbischof den Mann beruhigte, weil dies unmöglich sei, so stieg derselbe mit einem ebenso beherzten Gehilfen noch einmal hinauf. Beide fanden nun in der Nische allerdings ein Etwas, das einer kleinen menschlichen Figur ähnlich war, aber von funkelnden Augen sahen nun beide nichts. Über dem Haupte befand sich zwischen zwei Steinplatten eine kleine Vertiefung, in welcher Vögel genistet hatten. Nachdem diese Platten weggebrochen waren, gelang es, die Figur hervorzuziehen. Die beiden Männer behaupteten zwar, sie habe dabei deutlich hörbar geseufzt, als man das Ding aber herabgebracht hatte und untersuchte, ergab sich, daß es eine zu einer steinartigen Masse verwandelte Kindesleiche war.

Diese wurde nun nach christlichem Gebrauche in geweihter Erde bestattet, die unnatürliche Mutter aber verschwand wiederum aus Magdeburg, und erst lange nachher wurde ihr Leichnam im Gebüsch vor dem Krökentor gefunden."[8]

Breiter Weg 141 – Brauhaus „Lindwurm"

Es gehörte Anfang des 16. Jahrhunderts dem Stadtkämmerer Ebeling Alemann. Alemann war es, der den bekannten Buchdrucker Michael Lotter um 1528/29 veranlaßte, sich in Magdeburg anzusiedeln. In seinem Haus stellte er ihm bis 1531 Räume für die Druckerei zur Verfügung. Unter Michael Lotter erlebte der Buchdruck in Magdeburg einen ersten Höhepunkt. Michael Lotter entwickelte sich zum bedeutendsten Drucker Magdeburgs, der mit lateinischen Lettern druckte und nebenbei auch als Buchhändler tätig war.[9]

Neben dem ersten Bibeldruck in niederdeutscher Sprache erwarb er sich besondere Verdienste durch den Druck der Schriften, die von den Geistlichen Flacius Illyricus, Nikolaus Gallus, Nikolaus von Amsdorf und anderen gegen das Interim verfaßt wurden. Diese Schriften brachten Magdeburg den Namen „Unseres Herrgotts Kanzlei" ein.

Er druckte aber auch die ersten Magdeburger Schulbücher und die ältesten deutschen Schulspiele.

1556 starb dieser bedeutende Drucker in Magdeburg.

Seine Erzeugnisse trugen wesentlich dazu bei, dem geistigen und kulturellen Leben unserer Stadt einen Aufschwung zu geben.

Breiter Weg 156/157 – Der Breite Weg 156 war das Haus „Zum goldenen Weinfaß".
Am 11. Juni 1778 eröffnete Johann Adam Creutz (1752–1809) hier eine Verlagsbuchhandlung. Diese wurde nicht zuletzt deshalb berühmt, weil Wilhelm Raabe hier in den Jahren 1849 bis 1853 seine Ausbildung erhielt.[10] In Magdeburg wurde Wilhelm Raabe inspiriert zu seinem Werk „Unseres Herrgotts Kanzlei", das 1862 erstmals in Braunschweig bei Westermann erschien.

Die Creutz'sche Verlagsbuchhandlung besorgte zehn weitere Auflagen dieses Werkes, in dem Raabe die Zeit der Belagerung Magdeburgs 1550/51 und den heldenhaften Widerstand seiner Bürger schildert.

„Steckbrief
Als Wilhelm Raabe in Magdeburg seine Buchhändlerlehre absolvierte, las der Lehrling seinen Namen zum ersten Male in einem Wochenblättchen. Freilich gab es keinen Grund, darüber froh zu sein. Wilhelm Raabe hatte versäumt, sich zur Musterung zu stellen und die strengen, braunschweigischen Behörden suchten ihn mit einem Steckbrief. ‚Im Betretungsfall zu verhaften', lautete kategorisch die Anordnung. Sofort begab sich Raabe nach Braunschweig, wurde mißtrauisch untersucht, aber wegen seiner Kurzsichtigkeit zurückgestellt."[11]

Mit dieser Veröffentlichung erlebte Wilhelm Raabe zum ersten Mal, daß er „gedruckt" wurde.

Breiter Weg 139.
Dieses Haus gehörte vor 1631 dem Buchhändler Johann Francke, der in den Jahren 1601 bis 1605 die erste periodische Zeitung Magdeburgs herausgab. Er galt als „berüchtigter Nachdrucker". Viele Nachdrucksprozesse wurden gegen ihn angestrengt und waren mit Beleidigungsprozessen verquickt. Am interessantesten ist aber der Preß- und Inquisitionsprozeß, der ihn 1591 in das Untersuchungsgefängnis des Leipziger Rats führte und hier vom 3. Mai bis 1. November festhielt. Da er strenggläubiger Lutheraner war, war er auch als Geschäftsmann parteiisch und vertrieb lutherische Streitschriften."[12]

Breiter Weg 171/172

Im Jahre 1807 ging die Keil'sche Buchhandlung, die sich hier befand, durch testamentarische Verfügung an Wilhelm Heinrichshofen über.

Heinrichshofen war im Jahre 1797 – kurz nach der Gründung der Keil'schen Buchhandlung – Lehrling derselben. Später blieb er dort als Gehilfe.

Die Buchhandlung Heinrichshofen existierte fast 200 Jahre in unserer Stadt und wurde weit über ihre Grenzen hinaus bekannt.

Neben dem Buch- und Musikalienhandel betrieb die Firma seit Anfang der 60er Jahre des 19. Jahrhunderts auch Kunsthandel, nachdem zuvor eine Konzertdirektion angegliedert worden war.

1889 folgte die Eröffnung einer Pianoforte-Handlung (z. B. Vertrieb der Erzeugnisse der Firma Blüthner). 1918 wurde darüber hinaus eine Lehrmittelhandlung gegründet. Sie war in der Lage, die Einrichtung ganzer Schulen zu übernehmen.

In den 20er Jahren des 20. Jahrhunderts wurde eine Sprechmaschinen-Abteilung eingerichtet (Grammophone, Schallplatten, Rundfunkgeräte).

Da die Räumlichkeiten des sich ständig erweiternden Geschäftshauses nicht mehr ausreichten, wurde am Breiten Weg 61 ein neues Haus erworben.[13]

Als junger Mann war bei der Firma Heinrichshofen Otto Meißner (1819–1902) beschäftigt. Meißner machte sich später in Hamburg selbständig und verlegte dort zahlreiche in Preußen verbotene politische Schriften, z. B. von Friedrich Engels „Die preußische Militärfrage". Nachdem er zu Karl Marx Kontakt aufgenommen hatte, entschloß er sich zu dem „Wagnis", in seinem Verlag als erster „Das Kapital" herauszugeben.[14]

Breiter Weg 18/19

Breiter Weg Nr. 18 war das Haus „Zur goldenen Kringel" (Krengel).
Am 10. Mai 1631 wurde „eine Frau, so zur gulden Krengel gewohnt, mit einem Pfahl durch den Leib geschlagen".[15]
Breiter Weg Nr. 19 war das Brau- und Gasthaus „Zum weißen Roß". Daran knüpft sich die Sage von der scheintoten Frau und dem aus der Dachluke heraus wiehernden Pferd.
„Noch im Anfang des 17. Jahrhunderts bewohnten vor allem Patrizier und Domherren diese Straße, während die Handwerksmeister mehr um den Marktplatz herum angesiedelt waren. Unweit der Himmelreichstraße wohnte der Domherr Heinrich von Asseburg mit seiner Familie. Der frühe Tod der Hausfrau hatte die Familie in Trauer versetzt; in der Erbgruft im Dom war sie beigesetzt worden.
In der Nacht nach dem Begräbnis stieg der Totengräber mit Hilfe einer Leiter in die Gruft, hob den Sargdeckel und wollte sich den kostbaren Schmuck aneignen, den man der Toten mit in den Sarg gegeben hatte. Ohrringe, Ketten, Ringe und Armbänder hatten seine Habgier geweckt.
Ein kostbarer Ring leistete dem verbrecherischen Grabschänder Widerstand. Kurz entschlossen griff er zu seinem Messer und wollte den Finger samt Ring abschneiden. Doch jäh zuckte er zurück; die Tote hatte sich bewegt und die Augen aufgeschlagen. Entsetzt floh der Totengräber aus der Gruft, ließ Leiter und Laterne stehen und machte, daß er von dan-

nen kam.

Die Frau von Asseburg, die offensichtlich nur einen Starrkrampf gehabt hatte und scheintot gewesen war, richtete sich mühselig auf, entstieg dem Sarg und gelangte über die Leiter in den Dom und nach langem Suchen von da ins Freie. Immer noch benommen, näherte sie sich ihrem Hause am Breiten Weg, betätigte den Türklopfer und wartete auf Einlaß.

Es war spät in der Nacht, und so dauerte es eine Zeitlang, ehe sich Schritte der Tür näherten. Vorsichtig öffnete der alte Diener, prallte entsetzt zurück, schlug die Türe wieder zu und stürzte schreckensbleich in das Schlafgemach des Hausherrn, um dem seine seltsame Wahrnehmung mitzuteilen.

Dieser schalt ihn einen Träumer, bezichtigte ihn, Hirngespinsten nachzugehen, anstatt sich zur verdienten Nachtruhe zu begeben. ‚Ebensowenig wie mein Schimmel die Treppe hinaufzusteigen und aus dem Dachfenster zu wiehern vermag, kann meine Gattin zu den Lebenden zurückkehren.'

Kaum aber hatte er diese Worte ausgesprochen, als er Huftritte auf der Treppe vernahm, und nur eine kurze Zeit verging, und er hörte über sich das Wiehern seines Pferdes.

Zerstreut waren nun alle Bedenken; der Hausherr eilte die Treppe hinab, öffnete flugs die Eingangstür und schloß seine totgeglaubte Frau beglückt in die Arme. Frau von Asseburg soll noch etliche Jahre mit ihrer Familie in Harmonie und Glück gelebt haben. Der Schimmel des Hausherrn erhielt am Dacherker ein steinernes Denkmal in Gestalt eines Pferdekopfes. Das Haus wurde im Dreißigjährigen Krieg zerstört; erhalten aber blieb die Sage vom weißen Roß, und der Wiedererbauer ließ auf dem Dacherker das Standbild eines Pferdes anbringen, das bis zu den Januartagen 1945 an das sonderbare Geschehnis erinnerte."[16]

Im Haus Breiter Weg 19 befand sich seit 1823 die bekannte Buchdruckerei Baensch. Die Druckerei wurde 1817 von Carl Strube, dem Schwager von Emanuel Baensch, gegründet und hatte zunächst ihre Räume „An der Warte 4" und an der Stephansbrücke.

Breiter Weg 21–23

Hier befand sich eine der Niederlassungen des Faber-Verlages. Die Reklame verrät, daß dieser Verlag die Magdeburgische Zeitung druckte. Er gab aber auch den Magdeburger Generalanzeiger und Bücher heraus, z. B. Luther-Gesangbücher.

So heißt es in der Beilage zum öffentlichen Anzeiger Nr. 10 vom 6. März 1847: „In der Faberschen Buchdruckerei in Magdeburg ist im Drucke so eben vollendet die g r o b s c h r i f t i g e Ausgabe des ‚**Vollständigen** (sogenannten alten Magdeburgischen) **Gesangbuches**', e n t h a l t e n d 1 0 0 0 g e i s t r e i c h e u n d a u s e r l e s e n e L i e d e r 72½ Bogen in groß Octav, auf feinem Maschinen-Velinpapier gedruckt. Preis für ein ungebundenes Exemplar 25 Sgr., bei Abnahme von 24 Stück das 25ste als Freiexemplar.

Von diesem Gesangbuche, das von den Vorfahren des jetzigen Verlegers im Jahre **1590** zum ersten Male in plattdeutscher Sprache gedruckt wurde, ist seit dem Jahre **1798** keine Ausgabe in groß Oktav und mit großen Lettern verlegt worden. Dem fühlbaren Bedürfnisse, für ältere Leute eine Ausgabe mit großer Schrift zu erhalten, ist durch die vorliegende genügt worden, die außerdem durch die dankenswerthe Mithülfe eines Vereins von Geistlichen, der dieselbe durchzusehen und von veralteten, oft unverständlichen Ausdrükken zu reinigen übernahm, eine erhöhete Brauchbarkeit erhalten hat. Diese Ausgabe wurde durch ein Verzeichnis von Parallel-Melodien und durch den Abdruck der Augsburgischen Konfession vermehrt.

Von der dem Gesangbuche beigefügten **‚Augsburgischen Konfession'** wurden auch separate Abdrücke gemacht, und ist der Préis für einzelne Exemplare – 2 ½ Bogen, groß Oktav, brochirt – 2 Sgr. Bei **24** Stück, das **25**ste als Frei-Exemplar tritt ein Partiepreis von **1** TDlr **15** Sgr. ein. Zu gleicher Zeit bringen wir einige von den in unserm Verlage erschienenen weiteren Verlagswerken in Erinnerung und erlauben uns nur zu bemerken, daß bei Abnahme von Parthien Ermäßigungen eintreten.

Vollständiges Gesangbuch, in sich haltend **1000** geistreiche und auserlesene Lieder, (sogenanntes altes kleinschriftiges), klein **8**., auf Druckpapier à 10 Sgr.

Anhang zum alten Magdebugischen Gesangbuch, oder Sammlung neuer, geistlicher Lieder (kleinschriftiger), klein **8**., auf Druckpapier à 3 Sgr. 9 Pf. (Der Anhang zum **grobschriftigen alten Magdeb. Gesangbuch** ist gegenwärtig unter der Presse.)

Gesangbuch (sogenanntes neues) zum gottesdienstlichen Gebrauche für die Stadt und das Herzogthum Magdeburg, klein **8**., Masch.-Velinpapier à **8** Sgr. 9 Pf. Dasselbe in groß Format und großer Schrift auf Druckpapier à 15 Sgr."

Der Faber-Verlag hatte 1842 auch das Haus Breiter Weg 6 erworben. Dieses Haus wurde 1731 erbaut und 1864 umgebaut.[17]

Im Interesse seiner Zeitungsleser errichtete der Faber-Verlag 1880 eine Wetterwarte, die von dem bekannten Arzt und Meteorologen Richard Aßmann geleitet wurde. Am 12. Dezember 1880 erschien in der Magdeburgischen Zeitung die erste Zeitungswetterkarte in Deutschland – eine Leistung, die bis dahin nur eine Londoner Zeitung vollbracht hatte. Die Wetterwarte befand sich auf dem Grundstück der Druckerei der Magdeburgischen Zeitung in der Bahnhofstraße.[18]

Breiter Weg 201
Nach dem Brand vom 10. Mai 1631 entstanden an dieser Stelle zwei kleine Häuschen. Eines dieser Häuser besaß im Jahre

1702 der Pächter des Domherrnkellers Wilhelm Brandt.

Der Domherrnkeller befand sich auf dem Grundstück Breiter Weg 202. Im Mittelalter war er die einzige Schenke und Gaststätte auf der Stiftsfreiheit. Diese erstreckte sich etwa von der heutigen Danzstraße bis zur Leiterstraße und unterstand dem Erzbischof.[19]

„Es war doch eine curiose Zeit dazumal! Stand da mitten auf dem Breiten Wege querüber von der Leiterstraße oder Lederstraße, wie sie sie nannten, ein Schlagbaum und marschirte daneben ein Pfandemann auf und ab, der darauf lauerte, wenn ein Bürger einen Krug Bier herüberbringen wollte von dem Neuen Markte her. Denn neben der ‚Pauler Kirche‘, da wo jetzt das Haus Nr. 202 ist, lag der Domherrenkeller und ward dort von Alters her Wein und Bier geschänkt, das berühmte Eimbecker oder Zerbster Bier. Nun waren in der Altenstadt über 250 Brau=berechtigte Häuser, die eine hübsche Menge Biers versandten. Um die einheimische Industrie zu schützen, war dem Rathe in dem Vergleiche vom 21. Januar 1497 vom Herrn Erzbischof Ernst vergünstigt worden, eine hohe ‚Ziese‘ von dem fremden Biere zu erheben, und war das Zerbster Bier doppelt besteuert worden und sollte man einen Gulden von 3½ Faß eingebrachtem bezahlen. Allein in demselben Vergleiche, im 12. Artikul, war ausdrücklich erinnert, daß das Bier, so zur häuslichen Consumtion der Domherren eingebracht würde, auch ferner kein Brück- und Wegegeld geben sollte. Somit hatten denn die Domherren das Bier billiger und gewiß kamen die Bürger aus der Altenstadt oft herüber und tranken sich satt an dem kühlen Trunke und verdiente der Kellermeister sein schönes Geld. Das that nicht bloß den städtischen Brauern Abbruch, sondern der Rath war auch direct dabei interessirt, daß der Verkauf im Domherrenkeller möglichst beschränkt würde. Er hatte ja seinen eigenen Keller in der Lauenburg, wo unter der Erde und über der Erde viel schöne Gemächer waren und auf die Gäste lauerten.

Um es den Besuchern recht bequem zu machen, war ein Eingang zur Lauenburg vorn am Breiten Wege und ein anderer hinten an der Schuhbrücke, so daß gestrenge Hausfrauen, wenn sie aufpaßten, ob ihre Männer zu Biere gingen, leicht betrogen werden konnten."[20]

Breiter Weg 130/131

Brauhäuser „Zur grünen Tanne" und „Zum Zollhof", später „Zur grünen Heide". Das Grundstück Nr. 130 war schon vor 1635, also vier Jahre nach der Zerstörung, wieder bebaut. Es gab auf dem Breiten Weg viele Brauhäuser, z. B. „Zu den drei goldenen Sternen", „Zum braunen Hirsch", „Zum Regenbogen", „Zum goldenen Einhorn", „Zum Himmelreich". Die Brauer waren bis 1736 mit den Bäckern in einer Innung vereinigt, die 1330 gegründet worden war. Während die Bäckerei sich zu einem selbständigen Handwerk entwickelte, wurde das Brauen spätestens seit dem 16. Jahrhundert hauptsächlich zur Deckung des Hausbedarfs betrieben. Es fungierte also als Nebengewerbe. Der Bedarf war in einer Zeit, in der es noch keinen Kaffee, Tee oder Kakao gab, weitaus größer als heute. Deshalb war jeder Bürger, ob Kaufmann, Handwerker oder Beamter, darum bemüht, ein Haus mit Braugerechtigkeit zu erwerben.

Im ältesten Grundbuch der Altstadt von 1712 wurden 1800 Grundstücke genannt, davon über 300 Brauhäuser. Folglich waren in der Brauerinnung die Vertreter vieler wohlhabender Familien vereinigt, z. B. stand an ihrer Spitze Mitte des 17. Jahrhunderts Ebeling Caspar Alemann.[21]

Breiter Weg 123

Breiter Weg 170
Brauhaus „Zu den drei blauen Sternen",
seit etwa 1700 „Zum blauen Stern".

Breiter Weg 160–164
Im Haus Breiter Weg 162 befand sich der
Gasthof „Zum weißen Schwan".

Breiter Weg 198

Dieses Haus wurde um 1750 erbaut. Es hat eine schöne Barockfassade. Zeitweise gehörte es dem Regierungspräsidenten von Vangerow. Berghauer schreibt dazu 1800, daß es „eins der schönsten und regelmäßigsten Gebäude der Stadt, von drey Etagen, acht Fenster breit" sei.[22]

Breiter Weg 168
Das Haus „Zum Schwarzen Bock" war der Gasthof „Sankt Klaus Bräu". Der „Schwarze Bock" ist auf dem Bild an der Fassade zu sehen.

Breiter Weg 209/210
Dom-Kur-Bad. An dieser Stelle befand sich im Mittelalter der Torbogen und Eingang zum Friedhof der Sebastianskirche. Über dem Torbogen stand die Statue des Hl. Sebastian in Lebensgröße.[23]

Breiter Weg 175–177

Die Häuser gehörten dem bekannten Kaufmann Johann Gottlob Nathusius (1760–1835). Er besaß eine Reihe von landwirtschaftlichen Unternehmen – Zichorien- und Zuckerfabriken, Spiritusbrennereien, Bierbrauereien, Tabakspinnereien, Mühlen sowie Ziegeleien, Töpfereien und eine Porzellanmanufaktur.[24]

Breiter Weg 100–101
Der Breite Weg 100 und 101 waren Brauhäuser, wovon das eine den Namen „Zum grauen Wolf" trug.

Breiter Weg 175–177
Nach der Zerstörung der Stadt.

Breiter Weg 121 – Hirsch-Apotheke

Die Hirsch-Apotheke wurde am 30. Mai 1890 auf dem Breiten Weg 83 eröffnet. 1893 wurde sie zum Breiten Weg 121 verlegt. Weitere bekannte Apotheken auf dem Breiten Weg waren die Sonnen-Apotheke (Nr. 17), die Hof-Apotheke (Nr. 158), die Stern-Apotheke (Nr. 251a) und die Rats-Apotheke. Die älteste von ihnen ist die Rats-Apotheke, die schon vor 1377 am Alten Markt 23 gegründet wurde und bis 1747 im Besitz der Stadt war. 1883 wurde sie zum Breiten Weg 261 verlegt.[25]

Das Zentraltheater am nördlichen Ende des Breiten Weges, am heutigen Universitätsplatz.

Dieser Platz wurde im Zuge der Stadterweiterung am Ende des 19. Jahrhunderts bebaut und wechselte im Laufe der Geschichte mehrfach seinen Namen. Nach eineinhalbjähriger Bauzeit wurde am 15. August 1907 das Zentraltheater mit einem Varieté-Programm eröffnet. Zunächst wurde nur im Winter Operette gespielt, während in den Sommermonaten verschiedene Varieté-Programme liefen. Die erste Operette, die aufgeführt wurde, war Leo Falls „Dollarprinzessin". Nach dem 1. Weltkrieg wurde dieses Haus eine starke Konkurrenz für das Wilhelmtheater. Otto Reutter war ständiger Gast dieser Bühne, auch Lotte Werkmeister und Paul Westermeier kamen hier zu ihren ersten Erfolgen.[26]

Bei dem Bombenangriff vom 16. Januar 1945 wurde das Zentraltheater zerstört. Am 21. Dezember 1950 wurde es als Maxim-Gorki-Theater wiedereröffnet.[27]

Das erste Theater in Magdeburg überhaupt – das von Friedrich Wilhelm von Erdmannsdorff 1794 erbaute Schauspielhaus – befand sich auf dem Breiten Weg 134. Hier wirkte in den Jahren 1834–1836 Richard Wagner als Kapellmeister.[28]

Das Zentraltheater mit Blick in den Breiten Weg.

Breiter Weg 104 gegenüber vom damaligen Zentraltheater.

Blick vom Breiten Weg in die Leiterstraße.

Sie ist eine von über 40 Straßen, die vom Breiten Weg abzweigten.[29] Ihr Name wurde schon 1275 genannt. Die ursprüngliche Bezeichnung war Lederstraße. Man hat das Wort „Ledder" (Leder) später mit Leiter verwechselt. Bis 1670 hat sich der Name Lederstraße erhalten. Ab 1683 tauchte neben Leder- auch Leiterstraße auf. Seit etwa 1750 behauptet sich schließlich der falsche Name.[30]

Die Leiterstraße wurde während des 2. Weltkrieges schwer zerstört. Heute ist hier eine Straße mit modernen Bauten zu sehen, in ihrem Mittelpunkt steht der Brunnen von Heinrich Apel.

Blick vom Breiten Weg in die Alte Ulrichstraße.
Der ursprüngliche Name der Alten Ulrichstraße ist St.-Ulrich-Straße. 1552 wird der Name erstmals erwähnt, existierte aber sicher vorher schon. Seit 1848 trägt die Straße den Namen Alte Ulrichstraße, weil zu diesem Zeitpunkt die Neue Ulrichstraße angelegt wurde.[31]

Georgenplatz

Der Georgenplatz zweigte zwischen der Großen Münzstraße und der Großen Schulstraße vom Breiten Weg ab.
Der Georgenplatz ist eine alte, nördlich des Alten Marktes gelegene Straße. 1683 taucht dafür der Name Ritterstraße auf. Dieser Name ist vermutlich der älteste. In der Georgenstraße hatten – besonders vor dem Dreißigjährigen Krieg – mehrere adlige Familien ihre städtischen Absteigequartiere – die „Ritter" oder Landjunker. 1815 wurde das Georgenstift in diese Straße verlegt. Seit diesem Zeitpunkt nannte man Straße und Platz einheitlich Georgenplatz.[32] Gegenüber vom Georgenplatz befand sich das sogenannte Brothaus (Breiter Weg 55a). Ursprünglich mündete hier, zwischen dem Breiten Weg 54 und 55, eine enge Gasse, in der hölzerne Verkaufsstände aufgestellt waren. So eine Gasse nannte man einen Scharrn. Hier bot die Bäckerinnung seit dem frühen Mittelalter auf langen Brotbänken ihre Waren feil. Es ist also richtiger, nicht von einem Brothaus, sondern von einem Brotscharrn zu sprechen. Der Scharrn war schon vor 1631 überbaut. Der Gang selbst wurde 1867 beseitigt.[33]

Die Große Schulstraße vom Breiten Weg aus gesehen.

Die Große Schulstraße hieß ursprünglich Brüderstraße, weil sich hier das Kloster der Franziskaner befand. Es wurde 1225 gegründet uns 1230 in diese Straße verlegt. Es besaß hier umfangreiches Gelände. Auf diesem sind u. a. in der zweiten Hälfte des 16. Jahrhunderts die Häuser Breiter Weg 134 bis 139 errichtet worden. Die Kirche des Klosters grenzte an den Breiten Weg, am späteren Grundstück Breiter Weg 140. 1551 wurde sie abgebrochen.

Im Zuge der Reformation hatten viele Mönche ihre Klöster verlassen, so auch die Franziskaner. In einer feierlichen Prozession zogen sie 1542 den Breiten Weg entlang aus der Stadt. „Paarweise, schwarze hölzerne Paternoster in den Händen, zogen sie den Breitenweg entlang und zum Sudenburger Thor hinaus. Ein einziger Mönch blieb zurück und beschloß seine alten Tage bei den Augustinern, deren lebenslängliche Versorgung der Rat übernommen hatte."[34]

Der Rat nahm das Kloster in Besitz und verlegte die um 1524 gegründete Ratsschule hierher. Bis 1631 erlebte sie unter ihrem Rektor Georg Rollenhagen eine große Blüte.[35]

In der Großen Schulstraße 15 wohnte im sogenannten „Ridderhof" ab 1817 der französische General und Wissenschaftler Lazare Carnot, der 1816 bis 1823 im Exil in Magdeburg lebte. Hier starb er auch.[36]

Breiter Weg 134–139
Kurz nach dem 2. Weltkrieg.

Blick vom Breiten Weg in die Schrotdorfer Straße.

Sie erhielt ihren Namen nach dem Schrotdorfer Tor, auf das sie mündete.

Bis zum 17. Jahrhundert war das Schrotdorfer Tor der westliche Hauptzugang zur Stadt.

In der Schrotdorfer Straße 2 wurde 1771 der Dichter Johann Heinrich Daniel Zschokke geboren.[37]

1830 verlieh ihm die Stadt Magdeburg das Ehrenbürgerrecht.[38]

Zschokke schrieb 1842 in der „Selbstschau" auch über seine Kindheit in Magdeburg.

Er bezeichnete sich als einen „Gassenjungen der Stadt, im strengsten Sinne des Wortes. Denn das Feld lag zu weit hinter den vielen Schanzen und Festungswällen der Stadt, für das Bübchen ein unbekanntes Land. Daß sich übrigens der kleine Freigelassene ohne Hülfe eines Turnmeisters eifrig gymnastischer Künste befliß, an senkrechten Balken, an Nuß- und Birnbäumen des väterlichen Gartens emporkletterte und in Gesellschaft der Katzen auf Dächern der Hintergebäude umherkroch, oder als Feldherr von 20 bis 30 kleinen Altersgenossen, denen er hölzerne Säbel lieferte, gegen ein ähnliches Heer Kriege führte, in denen bald Köpfe, bald Fensterscheiben friedlicher Bewohner der Dreiengels- und Schrotdorfer Gasse am meisten zu befürchten hatten, wie immer im Kriege die daran unschuldigen Völker, – das bedarf keiner Erwähnung, als etwa Gesundheit, Kraftfülle und Regsamkeit des jungen Weltbürgers zu beurkunden."[39]

Sonntags mußte er mit seinem Vater in die nahe gelegene Katharinenkirche gehen. „Aber Schule und Kirche blieben dem einfältigen Bübchen Plage- und Zwangsanstalten, welche allenfalls den Nutzen brachten, es frühzeitig in Geduld zu üben."[40]

Breiten Weg 127/Ecke Schrotdorfer Straße

Am 22. November 1897 ließ Polizeipräsident Keßler hier, vor der Buchhandlung der „Volksstimme", einen Doppelposten aufziehen. Damit sollte die Bevölkerung vom Betrachten der Schaufensterauslagen abgehalten werden. Als Organ der Magdeburger Sozialdemokratie unterlag die „Volksstimme" schon seit längerer Zeit der Polizei- und Justizaufsicht. Versuche, der „Volksstimme" Verstöße gegen die bestehenden Pressegesetze nachzuweisen sowie Beschlagnahmungen von Bildern, Plakaten, Büchern und Zeitungen, gehörten zum Alltag der Reaktion. Doch blieben diese Maßnahmen erfolglos, ebenso wie die Überwachung durch den Doppelposten. Dies einsehend, zog Polizeipräsident Keßler am 18. Januar 1898 den Posten wieder ab.
Insgesamt standen so 336 Schutzleute 504 Stunden lang Posten.[41]

Breiter Weg im 19. Jahrhundert

Seit 1807 gehörte Magdeburg zum Königreich Westfalen. Bis 1814 war die Stadt von französischen Truppen besetzt. 1808 bereiste der westfälische König Jérôme, ein Bruder Napoleons I., das neugeschaffene Königreich, um sich huldigen zu lassen. Dazu ergingen an die Präfekten Vorschriften, die bestimmten, daß die Wege und Straßen in Ordnung zu bringen seien und wie der Monarch zu begrüßen sei. Am 22. Mai 1808 traf König Jérôme mit seinem Gefolge „unter dem Donner der Kanonen und Läutung aller Glocken" in Magdeburg ein. Eine „prächtig gekleidete reitende Schar" von Kaufleuten und Bürgern „aus anderen Ständen" begleitete die Ankommenden durch das Sudenburger Tor über den Breiten Weg zum Domplatz.[42]

Sechs Jahre später, am 24. Mai 1814, zogen die verbündeten russischen und preussischen Truppen unter den Generalen Graf von Tauentzien und von Ilowoiskij unter dem Jubel der Bevölkerung in Magdeburg ein. Damit war die französische Fremdherrschaft in der Stadt beendet. „Ueberall auf den Straßen Laub und grüne Zweige gestreut, überall die Häuser mit Mayen geschmückt und mit Blumenkränzen behangen, überall aus den Fenstern wehende Tücher und flatternde Fahnen... Und nun der Zug selbst, den Breiten Weg entlang, bis zum Domplatze hin, unter dem Geläute aller Glocken und dem Donner des Geschützes!", so schrieb die Magdeburgische Zeitung.[43] Eine andere Erinnerung schildert das Ereignis so:

„Endlich, am 24. Mai 1814, zogen die Franzosen frühmorgens mit klingendem Spiel zum Sudenburger Thore hinaus, während fast gleichzeitig vom Krökenthore her die Verbündeten einrückten. Das interessante Schauspiel war vom schönsten Wetter begünstigt. Die erste und überraschendste Erscheinung war ein Kosakenhettmann, der in rother Nationaluniform mit Blitzesschnelle den Breitenweg heruntergaloppirt kam. Ihm folgten einige Regimenter regulärer Donscher Kosaken in brauner Uniform und schwarzledernen, breiten silberverzierten Gürteln, in denen schöne Pistolen steckten. Sie schienen in den Steigbügeln fast zu stehen. Als Instrument diente ihnen das Tamburin, zu dessen Klängen sie Nationallieder sangen.

Hurrah und Hurrah jauchzte diesen eigenthümlichen und wirklich schönen Truppen entgegen und aus allen Fenstern wehten die Taschentücher der Damen. Es folgte Russische Infanterie mit Artillerie, bis der Ruf erscholl: ‚Die Preußen kommen'. Im Wesentlichen waren es Landwehrregimenter, meist aus Jünglingen gebildet ... Ihnen folgte noch einige Artillerie und Husaren. Nach dem Vorbeimarsche der Truppen eilte alles auf den Alten Markt, wo sich die Bürger zur Huldigung versammelten."[44]

Die Katharinenkirche. Sie befand sich auf dem Breiten Weg gegenüber der Schrotdorfer Straße – an der Stelle, wo heute das Haus des Lehrers steht.
Berghauer schreibt im Jahre 1800 über die Katharinenkirche: „Sie wurde im Jahre 1230 vom Erzbischofe Albert II zu bauen angefangen und der heiligen Catharina und Margaretha geweihet. Der letzte Nahme ist ganz abgekommen. Diese Kirche wurde von den Erzbischöfen reichlich dotirt, allein die Documente und Kirchenbücher gingen bey der Tilly-schen Eroberung, wo diese Kirche durch das Feuer in einen Steinhaufen verwandelt wurde, verloren, und nur mit vieler Mühe konnte der Kirchvater P. Lüderwald nach der Eroberung von den Gütern derselben einige, obgleich nicht vollstän- dige Nachricht verschaffen. Nach verschiedenen erlittenen Unfällen und Schicksalen, und nach der gänzlichen Zerstörung und Einäscherung im Jahre 1631 lag die Kirche lange als ein Steinhaufen da, bis man im Jahre 1637 auf den Grund des alten Mauerwerks einen neuen Thurm errichtete und darin die große aus der vorigen Zerstörung noch gerettete Glocke aufhing. Indeß hatte das alte Mauerwerk nicht mehr Festigkeit genug; daher stürzte im Jahre 1653 am Iten Junii in der Nacht der nordwärts stehende Thurm über die noch wüste liegende Kirche nieder, und so auch der südlich gelegene Thurm im Jahre 1656 am 6ten August. Man fing darauf im Jahre 1665 an, den Schutt wegzuräumen und im Jahre 1668 sie von Grund aus wieder auf-

zubauen, bis sie im Jahre 1679, durch den damahligen Senior Ernst Bake am Sonntage Septuagesimä eingeweiht werden konnte. Im Jahre 1691 fing man erst an, die Spitzen der Thürme aufzusetzen und vollendete sie 1699.

Jetzt besteht die Kirche aus dem Schiffe, 2 Thürmen, deren Höhe man auf 200 Fuß schätzt und die durch ein Mittelgebäude mit einander verbunden sind. Sie haben oben eine Haube, welche mit Schiefern gedeckt ist, darauf steht ein durchbrochener Glockenstuhl und darüber die gleichfalls mit Schiefern gedeckte Spitze. Diese Spitzen sind mit vergoldeten Knöpfen und Wetterfahnen versehen. Unter der Haube ist die Uhr deren westliches Zifferblatt, metallene und vergoldete Ziffern hat. Auf der Westseite am breiten Wege ist der Haupteingang, und über demselben in der Mauer eine Statue der Schutzheiligen, der heiligen Catharina, mit einem Schwerte und einem zerbrochenen Rade zu den Füßen.

Das Mittelgewölbe der Kirche ruhet auf 10 Pfeilern und 12 Bogen.

Merkwürdig ist die im J. 1798 vollendete neue Orgel."[45]

Blick vom Breiten Weg in die Katharinenstraße, die nördlich am Kirchenschiff vorbeiführte.

**Die Katharinenkirche von Nordwesten.
Ansicht aus dem Jahre 1938.**

Der Breite Weg war eine den damaligen Verhältnissen entsprechend viel befahrene Straße. Im Vergleich zum heutigen Straßenverkehr muten folgende, schon Anfang dieses Jahrhunderts öffentlich geäußerten Besorgnisse eines Magdeburgers amüsant an. In der Magdeburgischen Zeitung schrieb er: „Es hat sich hier in Magdeburg jemand einen Automobil-Lastwagen angeschafft... Es wird aber wohl bei diesem Versuch bleiben, denn das Automobil hat trotz der in jeder Hinsicht ganz hervorragenden Beschaffenheit unseres Straßenpflasters nach kaum 14-tägigem Gebrauch schon mal versagt. Es sind daher solche Fuhrwerke für unsere Straßen mit ihrem starken, geradezu beängstigenden Verkehr... ganz und gar nicht geeignet. Das Last-Automobil hätte uns in Magdeburg gerade noch gefehlt... Wir in Magdeburg sind in jeder Beziehung den anderen Städten des Landes schon so himmelweit vorausgeeilt, indem wir uns von jeher mit nervöser Hast auf alles neue gestürzt haben, daß ein gebieterisches Halt! hier geboten erscheint."[46]

Dieser Appell eines entrüsteten Magdeburgers verhallte ungehört. Immer mehr Fahrzeuge bestimmten das Straßenbild der Stadt. Nach rund zwei Jahrzehnten war der Verkehr so angewachsen, daß Maßnahmen zur Entlastung der Hauptverkehrsstraße, des Breiten Weges, ergriffen werden mußten. Durch die Polizeiverordnung vom 23. September 1924 sollte ein Teil des Verkehrs auf die Parallelstraße des Breiten Weges abgedrängt werden. Die Verordnung beschränkte ferner die Höchstgeschwindigkeit für Personenkraftwagen und Krafträder auf dem Breiten Weg auf 15 km/h und drohte bei Übertretung dieser Bestimmung mit einer Geldstrafe bis zu 150 Goldmark bzw. mit entsprechender Haft. Bisher war auf dem Breiten Weg die Höchstgeschwindigkeit von 30 km/h zugelassen.[47]

Die Geschwindigkeitsbegrenzung war notwendig geworden, da fast täglich Unfälle auf dem Breiten Weg passierten. Im Interesse einer größeren Verkehrssicherheit wurde im Magdeburger Amtsblatt vom 3. Oktober 1924 u. a. die Forderung laut, daß Führer von Gespannen rechts und nicht mitten auf der Straße zu fahren haben, Fahrtrichtungsänderungen angezeigt werden müssen und Fußgänger die Straße nur rechtwinklig überqueren dürfen.[48]

Breiter Weg 30 – Das Schloßcafé.
Im Haus Breiter Weg 30 befand sich seit Anfang dieses Jahrhunderts eines der bekanntesten Cafés Magdeburgs, das Schloßcafé.
Einst stand hier das Brauhaus „Zum goldenen Kreuz", das im Dreißigjährigen Krieg zerstört wurde. Die erneute Bebauung des Grundstückes erfolgte erst wieder 1745. Das Haus zeigte sich nun in prächtiger Barockarchitektur mit zahlreichen Rokokoelementen. Eine mit Statuen gekrönte Balusterattika (Dachbrüstung) ersetzte den sonst ortsüblichen Giebelaufbau des Barock.
Während das Schloßcafé 1945 zerstört wurde, konnte dessen großartiges Barockportal nach der Zerstörung aus den Ruinen geborgen werden.[49] Das Portal ist heute am Eckgebäude Breiter Weg/Leiterstraße zu sehen.
Um die Figur mit dem Fernrohr – rechts am Ende der Dachbalustrade – rankt sich die Sage von den eifersüchtigen Bauherren:
„Es war in der Zeit nach der Zerstörung der Stadt im Dreißigjährigen Krieg. Magdeburg war vor dem 10. Mai 1631 eine reiche Stadt gewesen. Handel und Handwerk hatten der Stadt im Reich einen guten Ruf gegeben. Die Kaufherren und die Handwerksmeister hatten sich prächtige Häuser gebaut.
Nun lag die Stadt in Trümmern. Langsam erst wieder regte sich das Leben. Die Überlebenden und Zurückkehrenden räumten den Schutt beiseite; Baumeister bekamen den Auftrag, hier und dort mit

dem Aufbau zu beginnen.

Damals lebten auch zwei Kaufherren in der Stadt, von denen unsere Sage zu berichten weiß. Sie hatten mit ihren Eltern am Breiten Weg unweit der ehemaligen Judengasse gewohnt. Die Häuser waren im Kriege zerstört worden. Die beiden Kaufherren, von Jugend an befreundet, waren herangewachsen und leiteten nun selbst die elterlichen Geschäfte. Der Rat der Stadt hatte die Familiengrundstücke für den Wiederaufbau freigegeben. Es dauerte nicht allzulange, da hatten die beiden Freunde die Folgen der schweren Kriegszeit überwunden. Die Geschäfte brachten reichlichen Gewinn, und die Kaufherren beschlossen, neue prächtigere Häuser an die Stelle der nach dem Kriege errichteten Gebäude zu bauen. Als äußeres Zeichen ihrer unverbrüchlichen Freundschaft sollten die Häuser das gleiche Aussehen erhalten.

Tüchtige Baumeister waren schnell gefunden. Die Arbeiten waren gerade erst begonnen worden, da beschlich Zwietracht den Besitzer des an der Judengasse gelegenen Hauses. Bald waren die gemeinsamen Kindheits- und Jugenderlebnisse vergessen. Seine Eltern hatten schließlich das ansehnlichere Haus besessen; sein Geschäft war größer als das des Jugendgefährten. Deshalb wollte er auch das schönere, prunkvollere Haus haben; dann sollten die Leute schon von außen sehen, daß er der reichere Kaufherr sei und das größere Ansehen verdiene. Er ließ sich eigene Pläne fertigen und hielt sie vor dem Freunde streng geheim. Jeder baute für sich. Man besuchte sich noch; aber eigentlich geschah das nur, um Einblick in den Bau des anderen zu erhalten. Das Mißtrauen wuchs, die beiden führten spitze Reden, schließlich ging die Freundschaft ganz in die Brüche.

Kopfschüttelnd sahen die Nachbarn, was Prunksucht, Neid und Eifersucht aus den beiden Kaufherren gemacht hatten. Die gegenseitigen Besuche waren schon lange eingestellt worden. Jeden Tag sah man sie auf das Gerüst klettern und die Fortschritte am Bau des anderen beobachten. Der Kaufherr von der Judengasse scheute nicht einmal die Kosten für ein Fernrohr, um besser sehen zu können. Der andere aber kehrte ihm verachtungsvoll den Rücken zu, wenn er durch das Fernrohr beobachtet wurde.

Der Kaufherr von der Judengasse soll wirklich erreicht haben, was er wollte. Sein Haus war prächtiger als das des ehemaligen Freundes. Hochmütig ließ er sich vom Bildhauer eine Platte behauen, die ihn mit dem Fernrohr darstellte. Das kleine Werk fand seinen Platz dort, wo der Kaufherr seinen Beobachtungsstand gehabt hatte.

Als der andere davon hörte, erwiderte er die Boshaftigkeit und ließ ein Bildnis fertigen, auf dem er der anderen Figur den Rücken zukehrt."[50]

Alter Markt vom Breiten Weg gesehen.

Breiter Weg 148/149 – Warenhaus der Gebrüder Barasch

Die farbige Fassadengestaltung von Oskar Fischer aus dem Jahre 1922 entsprach den Vorstellungen von Bruno Taut. Bruno Taut war 1921 bis 1924 Stadtbaurat in Magdeburg. Er wollte mit der Aktion „Schutz dem Breiten Weg" (1921) die traditionsreiche Hauptgeschäftsstraße Magdeburgs durch farbige Aufwertung vor dem drohenden Abbruch bzw. modernen Umbau retten. Er regte die farbige Gestaltung in der gesamten Stadt an, erwarb sich aber auch große Verdienste um das Siedlungsbauwesen.

Die künstlerisch wertvollste Lösung bei der Farbgestaltung war die hier abgebildete Fassadenerneuerung des Warenhauses der Gebrüder Barasch: ein teppichartiges Riesengemälde in Tönen zwischen Meergrün und Mittelgrau, überzogen mit schwarzen Konturen.[51]

Neben Gebr. Barasch gab es noch andere große Warenhäuser auf dem Breiten Weg, z. B. Kaufhaus Merkur (Breiter Weg 227), „Epa" Aktiengesellschaft (Breiter Weg 135), Woolworth Co. (Breiter Weg 146).

Breiter Weg 146
Wie auf dem Firmenschild zu sehen ist, gehörte das Geschäft in diesem Haus dem bekannten amerikanischen Handels-

konzern Woolworth-Company, der 1911 gegründet wurde und sich zu einem der größten Konzerne der Welt entwickelte. Auch die ältere Geschichte des Hauses ist nicht uninteressant. 1810 wurde die Inschrift „Gedenke des 10. Mai 1631" erwähnt. Die Inschrift befindet sich unmittelbar über dem Hauszeichen „Zum weißen Hunde", nach dem das Haus ursprünglich benannt worden ist.

Im 17. Jahrhundert besaß die Familie Lentke das Haus – vor 1631 Moritz Lentke, der es 1632 an seinen Vetter Stephan Lentke,[52] 1641–1684 Bürgermeister zu Magdeburg, Erbherr zu Benneckenbeck und Rothensee, verkaufte. Die Tochter Stephan Lentkes, Dorothea Lentke, war die zweite Ehefrau des Otto von Guericke. Sie starb 1687 in Hamburg.[53]

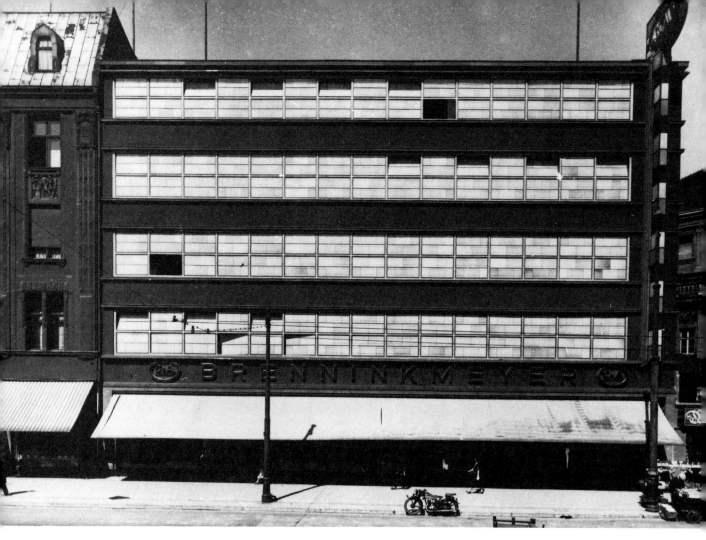

Breiter Weg 109 – Haus „Zu den drei goldenen Sternen"

Am 4. Dezember 1786 eröffnete das Almosenkollegium am Breiten Weg 109 eine „freiwillige Arbeitsanstalt", um den Armen der Stadt Gelegenheit zu Beschäftigung und Erwerb zu geben. In den geheizten Räumen wurden u. a. Spinnereiarbeiten ausgeführt.

Die Anzahl der Armen in Magdeburg hatte sich seit dem Dreißigjährigen Krieg und mit dem Ausbau der Festung ständig vergrößert. So hieß es 1740: „Viele Kranke und Gebrechliche starben ohne Handreichung in Kellern und Ställen elend dahin, weil in dem vorhandenen kleinen Krankenhause höchstens bis zu 24 Personen untergebracht werden konnten; man fand erstarrte Menschen auf den Straßen, elternlose, halbnackte Kinder krochen des Nachts in die vor den Türen stehenden Fässer oder schlichen sich an die Häuser, und viele Arme und Leidende blieben ohne Erwärmung und Bekleidung auf ihrem Lumpenlager und tagelang ohne Speise!"[54]

Später befand sich auf dem Breiten Weg 109 das Warenhaus Brenninkmeyer.

Breiter Weg 41-42 mit Blick in die Königshofstraße.
Das Schirmfachgeschäft Beutler wurde 1824 gegründet. Nach der Zerstörung 1945 zog das Geschäft zeitweise in die Halberstädter Straße und 1952 auf den Breiten Weg/Ecke Himmelreichstraße. Werner Beutler (1889–1959) erhielt im Jahre 1928, als in Magdeburg die Internationale Schirmmesse stattfand, eine Goldmedaille.[56]

Breiter Weg 150 – „Der Goldene Ring"
Das Haus Breiter Weg 150 wurde bereits 1402 als Gasthaus erwähnt. Hier hatten einst die Kaufleute aus Braunschweig und Leipzig ihre Warenniederlage für die Magdeburger Messe.
Bei dem Münzaufstand 1402 wurde das Haus geplündert.[55]
An dieser Stelle stand später das bekannte Warenhaus Lemke.

Breiter Weg, Höhe Himmelreichstraße
Im Hintergrund sind die heute noch vorhandenen Barockhäuser Breiter Weg 178/179 zu sehen.

Blick in den Breiten Weg nach Norden mit Ulrichsbogen (Breiter Weg 159) und Katharinenkirche.
Die Einfahrt unter dem Haus Breiter Weg 159 in die Neue Ulrichstraße wurde 1848 angelegt. Das Haus selbst wird schon 1568 als Herberge erwähnt.[57] Im Vordergrund links ist das Café „Weißer Schwan" zu erkennen.

Blick zum Dom, im Vordergrund das Bankgebäude.
Ein Schild weist zum Café Dom, das sich in der Oranienstraße (heutige Danzstraße) Nr. 11, an der Ecke Bismarckstraße (heutige Leibnizstraße) befand. Das Café Dom war ein „Spezial-Geschäft für Zeitungen u. Adreßbücher, Schachverkehr".[58]

Der Breite Weg präsentierte sich als lebhafte Geschäftsstraße, hier z. B. mit der bekannten Fleischerei Otto Schumburg, die „Magdeburger Jauersche" anbot (Breiter Weg 34).

Breiter Weg 203–206 – Hauptpost, erbaut 1895–1899

Mit der Entwicklung Magdeburgs zur Industriestadt machte es sich erforderlich, das Postamt am Breiten Weg 205, welches 1812 von der Kreuzgangstraße 6 hierher verlegt worden war, zu erweitern. Zur Realisierung der Erweiterung des Postgebäudes erwarb der Reichspostfiskus die Nachbargrundstücke Breiter Weg 203 (Roch'sches Haus) und 206 (ehemaliger Gasthof „Zur Stadt Petersburg"), Prälatenstraße 3, 5 und 6, Friedhof 1 und 2 sowie die deutsch-reformierte Kirche. Die Gebäude wurden nach und nach abgebrochen.[59]

Das Haus Breiter Weg 206 war 1631 Privatbesitz des Dompredigers Reinhold Bake. Dieser hat bei der Zerstörung der Stadt durch kaiserliche Truppen am 10. Mai 1631 um Gnade für die Magdeburger gebeten, die sich in den Dom geflüchtet hatten.

1787 kaufte Georg Karl Berbig für 4000 Taler das Haus. Er erhielt ein königliches Privileg zur Errichtung einer Tabakfabrik. Die Fabrik wurde im Hinterhaus eingerichtet und beschäftigte 20 Personen.[60]

Die deutsch-reformierte Kirche (bis Ende des 19. Jahrhunderts auf dem Breiten Weg).

In der deutsch-reformierten Kirche wurde am 24. September 1730 Friedrich

Wilhelm von Steuben getauft.[61] Steuben ging 1777 nach Nordamerika und war seit 1778 Generalmajor und Generalinspektor der nordamerikanischen Armee im Unabhängigkeitskrieg.

Für das neue Gotteshaus erwarb die deutsch-reformierte Kirche einen Bauplatz am Kaiser-Otto-Ring. Der Grundstein wurde am 10. Juli 1896 gelegt.[62]

Mit dem Abbruch des Roch'schen Hauses – wie bereits erwähnt – verlor Magdeburg eines seiner schönsten Wohnhäuser. Der Abriß dieses Hauses hatte viele Proteste in der Bevölkerung zur Folge. Aus diesem Grunde wurden der Giebel und der Erker dieses Hauses kopiert und am Westbau der Post in der heutigen Max-Josef-Metzger-Straße angebaut. Die Fassade an der Hauptstraße zeigt sich im Stil niederländischer Spätgotik. Der Westbau dagegen kopiert deutsche Renaissance.[63]

Breiter Weg 264/Ecke Scharnhorststraße (heutige Haeckelstraße)

Um 1870 begannen die großen Stadterweiterungen. Die Stadt erwarb vom Mili-

tärfiskus umfangreiches Festungsgelände im Norden, Süden und Westen der Stadt. Nach schrittweiser Beseitigung der Festungsanlagen wuchsen so auch südlich des Domes Häuserblöcke empor.
1904 war die Südfront der Befestigungsanlagen mit der Sternschanze gefallen. An den rechtwinklig angelegten Straßen und Plätzen entstanden hohe, mächtige Mietshäuser und auch öffentliche Gebäude im Stil der Gründerzeit – „wahre Paläste mit auffällig gegliederten eklektizistischen Fassaden".[64]

Hasselbachplatz
Nach der Stadterweiterung mündete der Breite Weg auf den Hasselbachplatz, der bis 1890 noch „Gabelung" genannt

wurde, weil hier die Pferdebahnen nach Buckau und Sudenburg kreuzten.

Im Jahre 1868 hatte sich die preußische Regierung auf Grund eines Konzessionsgesuches mit dem Projekt einer Pferdebahn an den Magistrat der Stadt Magdeburg gewandt.

Oberbürgermeister Carl Gustav Friedrich Hasselbach antwortete am 7. November 1868 der Regierung:

„Die beabsichtigte Anlage einer Pferde-Eisenbahn durch die hiesige Stadt würde für die Verkehrsverhältnisse von so einschneidender Bedeutung sein, daß ich mich veranlaßt gesehen habe, von dem vorliegenden Entwurfe dem hiesigen Magistrate Kenntniß zu geben; ich verfehle nicht, dessen Ansicht hierüber, welcher ich vollkommen beitrete, im Nachstehenden der Kgl. Regierung auf die zur Seite bezeichnete Verfügung gehorsamst zu berichten.

Es muß vorausgesetzt werden, daß der Anlage einer Pferde-Eisenbahn, welche die Städte Neustadt und Buckau, resp. den Stadttheil Sudenburg mit der Stadt Magdeburg verbinden soll, die Absicht zu Grunde liegt, die möglichste Beschleunigung des Personenverkehrs zwischen diesen Städten herbeizuführen. Diese Absicht kann nur dann erreicht werden, wenn die Fuhrwerke auf der Pferde-Eisenbahn in kurzen regelmäßigen Zwischenräumen einander folgen und wenn dieselben einen freien, durch die sonstige Passage nicht gestörten Weg finden; beiden Anforderungen dürfte unter den hier obwaltenden Lokalverhältnissen nicht zu genügen sein.

Auf dem Breitenwege conzentrirt sich beinahe der ganze Fuhrwerksverkehr und namentlich bewegen sich auf demselben zu allen Jahreszeiten ganze Colonnen von Fuhrwerken, welche theils Getreide, theils Zucker zur Stadt bringen, theils Heu durch dieselbe fahren, zu diesen treten die Züge der Artillerie und die Leichenzüge. In Betreff der Zucker- und Getreidetransporte kommt noch erschwerend hinzu, daß dieselben in der Regel längere Zeit auf der Straße halten bleiben, in Bezug auf die Heutransporte, daß dieselben häufig durch Rindvieh bewegt werden. Zu diesem Fuhrverkehr treten noch die Züge des geschlossen marschierenden Militairs, welche den Breitenweg gar nicht vermeiden können.

Es dürfte nach dem vorauf Angeführten nicht zu leugnen sein, daß von der Breite des Breitenweges auf diese Weise ein gutes Theil dem Verkehr dauernd entzogen wird, und daß auch von den breitesten Stellen dieser Straße nicht immer Platz für 3 Fuhrwerke nebeneinander ist. Sollen nun diese Fuhrwerke, welche sich zum großen Theil in geschlossenen Colonnen bewegen und was das Landfuhrwerk betrifft, obenein oftmal von des Fahrens ziemlich unkundigen Personen geführt werden, den Fuhrwerken auf der Pferdeeisenbahn und zwar um eine ganze Spurbreite ausweichen, so wird dieß im ungünstigsten Falle nur mit Zeitverlust zu ermöglichen sein, immerhin aber die dringende Gefahr des Zusammenstoßes der Fuhrwerke herbeiführen.

In dem Conzessionsgesuch für die Pferde-Eisenbahn wird zwar ein Privilegium für die Fuhrwerke auf derselben dahin nicht nachgesucht, daß bei deren Annäherung andere Fuhrwerke von der Bahn weichen müssen; die Nothwendigkeit daß dieß geschehe, liegt indessen völlig klar vor, denn weder ein Fußgänger noch ein Reiter noch ein Wagen kann es auf einen Zusammenstoß mit dem Gefährt der Pferde-Eisenbahn ankommen lassen, da ein solcher wegen des bedeutenden mechanischen Moments des letzteren für das erstere verderblich werden muß.

Durch Vorstehendes glaube ich dargetan zu haben, daß für den Betrieb auf der Pferdeeisenbahn die nothwendige Geschwindigkeit wegen der Hindernisse durch den sonstigen Verkehr nicht erreichbar ist und daß dieser durch jenen auf das äußerste beeinträchtigt werden muß, es bedarf nur der Hinweisung darauf, daß ein Theil des Weges, auf dem die Pferdeeisenbahn geführt werden soll, überhaupt nur die Breite für ein einziges Fuhrwerk hat, so namentlich in den Thoren, und eines Hinblickes auf die Verkehrsstockungen, die an letztere schon jetzt Regel sind, um den Beweis geführt zu haben, daß der Betrieb auf der Pferdeeisenbahn weit davon entfernt bleiben wird, ein regelmäßiger genannt werden zu können. Auch die zu erwartende Stadterweiterung wird hierin eine volle Abhilfe nicht gewähren, namentlich bleiben die gegenwärtigen Verhältnisse am Krökenthor, durch welches sich alle Leichenzüge bewegen, ungebessert.

Soll dem Verkehr durch die Pferdeeisenbahn eine Erleichterung werden, so wäre dafür zu sorgen, daß in nicht zu großen Entfernungen Anhaltepunkte in der Stadt angelegt werden, zu denen es aber ganz an Platz und Gelegenheit fehlt.

Endlich muß der Befürchtung Ausdruck gegeben werden, daß in der Spur der Eisenbahn hin und wieder Pferde die Hufstollen festklemmen und dadurch verunglücken.

Das durch die Kgl. Regierung von mir erforderte Gutachten kann ich dahin zusammenfassen, daß ich in der Anlage einer Pferdeeisenbahn nicht allein keine Verbesserung der Verkehrsverhältnisse hiesiger Stadt, sondern nur eine Beeinträchtigung derselben zu erblicken vermag, und mich daher auf das Bestimmteste gegen das Projekt aussprechen muß."[65]

Doch fand die Pferdebahn in Magdeburg ihren Einzug, denn die Regierung erteilte die Konzession auch ohne Zustimmung des Magistrats.

Mit dem Bau der Gleisanlage auf dem Breiten Weg, der ersten in Magdeburg, wurde am 2. Juli 1877 begonnen.[66] Bereits am 16. Oktober 1877 konnte die Strecke Sudenburg – Breiter Weg – Sackstraße dem Verkehr übergeben werden. Am 14. Dezember 1877 folgte die Inbetriebnahme der Linie Buckau – Breiter Weg – Sackstraße – Neustadt.[67]

In den dreißiger Jahren erinnerte sich ein ehemaliger Pferdebahn-Kutscher an die Anfänge des Pferdebahnverkehrs wie folgt: „Wo jetzt sich das Zentraltheater erhebt, war früher das Krökentor, eine Art Engpaß, wo die Pferdebahn eingleisig fuhr. Wir Neustädter hatten das Vorfahrtsrecht und die Wagen von Sudenburg und Buckau mußten halten. Die Schaffner mußten vorlaufen und pfeifen, damit wir Neustädter zuerst durchfuhren. Wenn nun aus den anliegenden Gebäuden die ‚Herrschaften' ausgegangen waren, schauten die Dienstmädchen aus den Fenstern und pfiffen ebenfalls und das war dann immer eine großartige Pfeiferei. Hinter dem Krökentor war ein Wallgraben mit einer einfachen Holzbrücke, über die wir fahren mußten. Wenn nun ein Perron überlastet war, dann kippte der andere Perron hoch und wir fuhren neben den Schienen. Hatten wir die Brücke hinter uns, dann konnten wir den Wagen wieder in die Schienen bringen, wobei die Fahrgäste tüchtig halfen.

Als Beleuchtung hatten wir Petroleumlampen. Wenn mal ein tüchtiger Windstoß kam, dann verlöschten dieselben und wir fuhren eine Weile im Dunkeln, bis wir die Lampen wieder in Ordnung hatten. Da mußten wir sehr aufpassen, damit die

Fahrgäste nicht über die bezahlte Zone hinausfuhren."[68]

Aus einem anderen Erinnerungsbericht geht hervor, daß es offenbar Probleme bei der Beförderung sehr „korpulenter" Fahrgäste gab:

„Die ganz Dicken auf der Pferdebahn – das war ein Kapitel für sich. War schon ihre Verfrachtung mit allerlei Schwierigkeiten verknüpft, so wurde es geradezu beängstigend, wenn einmal Massenandrang bei schlechtem Wetter oder starkem Verkehr herrschte. Einer von den Überdimensionalen, ein bekannter Neustädter, konnte es nicht ausstehen, wenn man ihn auf dem Vorderperron mit anderen Fahrgästen wie Salzheringe in der Pökeltonne zusammenpreßte. An solch kritischen Tagen war seine erste Frage an den Konduktuer, wenn er dicht am Depot in den noch wenig besetzten Wagen einstieg: ‚Woll banniger Betrieb heute?'... ‚Gewiß doch, Herr K..., warum denn nich, 's regnet ja Bindfäden!' – Da zückte er seine gestickte, mit blinkenden Goldperlen reich verzierte Börse und befahl: ‚Denn man jleich for zwee! Daß mich oaber keener uff de Pelle rickt!'"[69]

Auf der „Gabelung" wurden die Pferde der aus Buckau und aus Neustadt kommenden Wagen jeweils umgespannt.[70] Die „Gabelung" war demzufolge schon damals ein wichtiger städtischer Verkehrsknotenpunkt.

Im Jahre 1899 erfolgte die Aufnahme des elektrischen Straßenbahnverkehrs.[71]

Zu Ehren ihres langjährigen Oberbürgermeisters benannte die Stadt die „Gabelung" nach Carl Gustav Friedrich Hasselbach. Hasselbach lenkte 1851 bis 1881 die Geschicke der Stadt. Er hat sich große Verdienste um die Entwicklung Magdeburgs zur Großstadt erworben. In seiner Amtszeit wurden viele Fabriken angesiedelt, die Gasbeleuchtung eingeführt und die Straßenpflasterung verbessert. Es entstanden u. a. ein neues Wasserwerk, der Hauptbahnhof, Brücken und Parkanlagen. Vor allem aber wurde der die Stadt einengende Festungsgürtel beseitigt. 1881 erhielt Hasselbach die Ehrenbürgerschaft der Stadt Magdeburg.

**Hasselbachplatz mit Pferdebahnen um
1895 – Blick in den Breiten Weg.**

Der Breite Weg mit Pferdebahnen und Kutschen um die Jahrhundertwende. Im Hintergrund die Katharinenkirche.
Deutlich sichtbar sind auf diesem Bild auch Gaslaternen. Die ersten Gaslaternen in den Hauptstraßen Magdeburgs brannten am 10. Februar 1853. Öffentliche Laternen, Öllaternen, gab es hier seit dem 25. September 1788. Die Öllaternen durften aber nicht bei Mondschein angezündet werden.[72]

Im Winter 1908/09 erstrahlte der Breite Weg im elektrischen Licht. Bald wurde die elektrische Straßenbeleuchtung auch auf den anderen Straßen eingeführt.[73]

Breiter Weg 55

Im Geschäftshaus der Weinhandlung Dankwarth & Richters am Breiten Weg 55 erstrahlte am 13. August 1896 erstmals das elektrische Licht des Magdeburger Elektrizitätswerkes. Die hiesige Presse berichtete:

„Das Licht war hell und brannte tadellos ruhig und ohne Zucken. Die Anlage, welche gegen 200 Glühlampen und 4 Bogenlampen umfaßt, macht einen vorzüglichen Eindruck und funktionierte aufs beste."[74]

Die Installation der Beleuchtungsanlage hatte die Firma Albert Becker aus Magdeburg übernommen. Nach und nach wurden dann in der Stadt Hausanschlüsse angebracht. Ende März 1897 erstreckte sich das Kabelnetz über 53 km auf den größten Teil der Altstadt, Buckau und Wilhelmstadt (heute Stadtfeld). An dieses Netz waren rund 13 000 Glühlampen, 40 Bogenlampen und Elektromotoren von insgesamt 140 Pferdekräften angeschlossen.[75]

Breiter Weg 12 – Pieschelsches Haus

Der Kaufmann Valentin Häseler kaufte 1699 für 4800 Taler das Haus und errichtete später den barocken Prachtbau.[76]. Dieses Eckhaus an der Steinstraße galt als „die höchste Fassadenleistung dieses Stils in Magdeburg".[77] 1889/90 wurde ein drittes Stockwerk aufgesetzt.

Das Haus erhielt seinen Namen nach dem Kaufmann Georg Wilhelm Pieschel, der es 1788 kaufte. Georg Wilhelm Pieschel führte eine Großhandlung verschiedener Material-Waren und Getreide, eine Niederlage von Blau-Farbe und machte Wechselgeschäfte.[78]

Später befand sich in dem Haus eine Niederlassung der Dresdner Bank, die 1872 in Dresden als Aktiengesellschaft gegründet worden war.[79]

Breiter Weg 73–76

Im Breiten Weg 75/76 befanden sich „Korte's Bier-Ausschank" und in der angrenzenden Margarethenstraße 1 „Korte's Bierhallen".

Hier kamen während des Luftangriffs am 16. Januar 1945 viele Menschen ums Leben, als sie vor dem Feuersturm in den Keller flüchteten.

Durch den Ausfall der Elektrizität wurden die Belüftungsapparate handbetrieben. Statt Frischluft kam nur Rauch herein. „Das Atmen fiel den vielen hier Schutzsuchenden immer schwerer. Die Menschen sanken reihenweise von den Bänken, wurden bewußtlos. Als Bergungstruppen den Keller öffneten, lagen Lebende und Tote durcheinander."[80]

Die Zerstörung Magdeburgs im 2. Weltkrieg bedeutete nicht das Ende des Breiten Weges. Nach jahrelangem Wiederaufbau bildet er heute eine der wichtigsten Verkehrs- und Geschäftsstraßen der Stadt. Zur Zeit werden in seinem südlichen Abschnitt Bauten der Gründerzeit restauriert und modernisiert. Noch vorhandene Baulücken werden geschlossen.

Blick vom Turm der Walloner Kirche über die Altstadt.

Blick auf den Breiten Weg nach dem Wiederaufbau.

Anmerkungen:

1 Die Magdeburger Schöppenchronik, in: Die Chroniken der niedersächsischen Städte. Magdeburg, hrsg. durch die Historische Commission bei der Königl. Academie der Wissenschaften, Bd. 1, Leipzig 1869, S. 131.
2 Warhafftiger Bericht,/Welcher gestalt die Stadt/Magdeburg Dienstags den 10. May dieses/1631. Jahrs, durch den Kayserl. General/Herrn Graffen Johan von Tilly/erobert worden, zit. nach: Lahne, Werner: Magdeburgs Zerstörung in der zeitgenössischen Publizistik, Magdeburg 1931, S. 124.
3 Zit. nach: Holstein, Hugo: Inscriptiones Magdeburgenses. Die an öffentlichen und Privatgebäuden der Stadt Magdeburg befindlichen Inschriften, in: Geschichts-Blätter für Stadt und Land Magdeburg. Mittheilungen des Vereins für Geschichte und Alterthumskunde des Herzogthums und Erzstifts Magdeburg, 6. Jg., 1871, S. 235; Häuserbuch der Stadt Magdeburg 1631–1720, Teil 1, hrsg. von der Historischen Kommission für die Provinz Sachsen und für Anhalt, bearb. von Ernst Neubauer, Magdeburg 1931, S. 77.
4 Zit. nach: Briefe über Magdeburg aus den Jahren 1784 und 1785, in: Blätter für Handel, Gewerbe und sociales Leben. Beiblatt zur Magdeburgischen Zeitung, Nr. 50/1882, S. 396.
5 Die Stadt Magdeburg im Vergleich zu andern Städten, Magdeburg 1801, zit. nach: Parthenopolis. Aussagen über Magdeburg, ausgewählt von Werner Kirchner, Magdeburg 1931, S. 213.
6 Hertel, Gustav: Aus dem magdeburger Leben vor 200 Jahren, in: Blätter für Handel, Gewerbe und sociales Leben, a.a.O., Nr. 43/1901, S. 339.
7 Vgl. ebenda.
8 Deutsches Historienbuch. Volkssagen, Geschichten und Legenden, gesammelt und hrsg. von Gustav A. Ritter, Berlin, o. J., S. 182 ff.
9 Vgl. Häuserbuch der Stadt Magdeburg, Teil 1, a.a.O., S. 72.
10 Vgl. ebenda, S. 79.
11 Wilhelm Raabes Leben und Wirken in Anekdoten, gesammelt und bearb. von Kurt Hoffmeister, Braunschweig 1983, S. 10.
12 Neubauer, Ernst: Magdeburgs Buchdruck und Buchhandel bis 1631, in: Montagsblatt. Wissenschaftliche Wochenbeilage der Magdeburgischen Zeitung, Nr. 52/1906, S. 412.
13 Vgl. Deutschlands Städtebau. Magdeburg, hrsg. vom Magistrat der Stadt Magdeburg, Berlin 1927, S. 329.
14 Vgl. Plaul, Hainer: Sachkenntnis, ein guter Wille und Bereitschaft zum Risiko. Biographisches über Otto Carl Meißner, den ersten Verleger des „Kapitals", in: Neues Deutschland, Nr. 137 vom 11./12. 6. 1977, S. 15; Wolf, Heidi: Otto Meißner – der erste Verleger des „Kapitals" von Karl Marx, in: Beiträge zur Geschichte der deutschen Arbeiterbewegung, Heft 5/1967, S. 832 ff.
15 Zit. nach: Häuserbuch der Stadt Magdeburg, Teil 1, a.a.O., S. 33.
16 Magdeburger Sagen, zusammengestellt, bearb. und nacherzählt von Otto Fuhlrott, hrsg. von der Stadtleitung des Deutschen Kulturbundes, Magdeburg, o. J., S. 56 f. Nach E. Neubauer wohnte Heinrich von Asseburg nicht in diesem Haus. Vgl. Häuserbuch der Stadt Magdeburg, Teil 1, a.a.O., S. 33.
17 Vgl. Faber, Alexander: Die Faber'sche Buchdruckerei, Magdeburg 1897, S. 152, 184.
18 Günther, Th.: 100 Jahre Meteorologische Station Magdeburg, in: Zeitschrift für Meteorologie, Bd. 32, Heft 4/1982, S. 206.
19 Häuserbuch der Stadt Magdeburg, Teil 2, aus dem Nachlaß von Ernst Neubauer bearb. von Hanns Gringmuth – Dallmer, Halle 1956, S. 13 ff.
20 Aus der Heimat, in: Blätter für Handel, Gewerbe und sociales Leben, a.a.O., Nr. 16/1858, S. 121.
21 Vgl. Linck, Adolf: Festschrift zum 50jährigen Bestehen der Bäcker-Innung Magdeburg, Magdeburg 1925, S. 19; Kinderbuch der Brauer- und Bäcker-Innung der Altstadt Magdeburg, hrsg. von Ernst Neubauer, Leipzig 1928, S. 3 (Sonderveröffentlichungen der Ostfälischen Familienkundlichen Kommission, Nr. 1). Das Original befindet sich im Stadtarchiv Magdeburg.
22 Berghauer, J. C. F.: Magdeburg und die umliegende Gegend, Teil 1, Magdeburg 1800, S. 133.
23 Vgl. Häuserbuch der Stadt Magdeburg, Teil 2, a.a.O., S. 20 f.
24 Vgl. Beckert, Manfred: Aus der Geschichte des Magdeburger Maschinenbaus, Teil 2: Älteste Maschinenfabrik Magdeburgs, in: Volksstimme, Nr. 95 vom 22. 4. 1988, Beilage, S. 4; Häuserbuch der Stadt Magdeburg, Teil 1, a.a.O., S. 85 f.
25 Vgl. Hartmann, G.: Die Magdeburger Apotheker-Konferenz 1798–1928, Festschrift, 2. Aufl., Magdeburg 1928, S. 91.
26 Vgl. Kabel, Rolf: 160 Jahre Magdeburger Theater 1796/1956, Festschrift, hrsg. von den Städtischen Bühnen Magdeburg, S. 66.
27 Vgl. 10 Jahre Maxim-Gorki-Theater Magdeburg, Magdeburg 1960, S. 3.
28 Vgl. Kabel, Rolf, a.a.O., S. 22.

29 Vgl. Magdeburger Adreßbuch mit Schönebeck, Biederitz, Großottersleben, Olvenstedt für das Jahr 1938, 94. Jg., Magdeburg 1937, 2. Teil, S. 23.
30 Vgl. Häuserbuch der Stadt Magdeburg, Teil 1, a.a.O., S. 269.
31 Vgl. ebenda, S. 475.
32 Vgl. ebenda, S. 148.
33 Vgl. ebenda, S. 45; Hoffmann, Friedrich Wilhelm: Historische Notiz über die in Magdeburg am Breitenwege belegenen Häuser Nr. 54 und 55a, in: Blätter für Handel, Gewerbe und sociales Leben, a.a.O., Nr. 40/1867, S. 318.
34 Ders.: Geschichte der Stadt Magdeburg, neu bearb. von Gustav Hertel und Friedrich Hülße, Bd. 1, Magdeburg 1885, S. 457.
35 Vgl. Häuserbuch der Stadt Magdeburg, Teil 1, a.a.O., S. 402.
36 Vgl. Gießmann, Ernst Joachim: Lazare Carnot in Magdeburg, in: Magdeburger Blätter, Jahresschrift für Heimat- und Kulturgeschichte im Bezirk Magdeburg, hrsg. von der PH „Erich Weinert" im Auftrage des Rates des Bezirkes Magdeburg, 1987, S. 41.
37 Vgl. Häuserbuch der Stadt Magdeburg, Teil 1, a.a.O., S. 390ff.
38 Vgl. Bürgerrolle der Altstadt Magdeburg, Stadtarchiv Magdeburg, Rep. 13 AV 8, S. 410.
39 Zit. nach: Parthenopolis, a.a.O., S. 207f.
40 Ebenda, S. 207.
41 Vgl. Von Fehden und Kämpfen, Bilder aus der Geschichte der Arbeiterbewegung Magdeburgs, hrsg. vom Parteitags-Komitee, Magdeburg 1910, S. 25.
42 Vgl. Magdeburgische Zeitung, 62. Stück vom 24. 5. 1808.
43 Ebenda, 68, Stück vom 31. 5. 1814.
44 Magdeburg in der Franzosenzeit, in: Blätter für Handel, Gewerbe und sociales Leben, a.a.O., Nr. 13/1876, S. 98.
45 Berghauer, J. C. F., Teil 1, a.a.O., S. 65ff.
46 Zit. nach: Magdeburgische Zeitung, Nr. 683 vom 14. 12. 1929, 1. Beilage.
47 Vgl. Magdeburger Amtsblatt, Nr. 12 vom 3. 10 1924, S. 179, Nr. 13 vom 10. 10. 1924, S. 204.
48 Vgl. ebenda, Nr. 12 vom 3. 10. 1924, S. 179.
49 Vgl. magdeburg information. Kulturelles und Wissenswertes, Heft 4/1980.
50 Magdeburger Sagen, a.a.O., S. 69f.
51 Vgl. Hüter, Karl-Heinz; Neues Bauen in Magdeburg, in form + zweck, Fachzeitschrift für industrielle Formgestaltung 2/1983, S. 25f.
52 Vgl. Häuserbuch der Stadt Magdeburg, Teil 1, a.a.O., S. 74.
53 Vgl. Magdeburger Geschlechterbuch, hrsg. von Bernhard Koerner, Bd. 1, Görlitz 1923, S. 374.
54 Bock, Adolph: Das Armenwesen, die milden Stiftungen und sonstigen Wohlthätigkeitsanstalten zu Magedeburg, Magdeburg 1860, S. 7.
55 Vgl. Häuserbuch der Stadt Magdeburg, Teil 1, a.a.O., S. 76; Die Magdeburger Schöppenchronik, a.a.O., S. 307.
56 Vgl. MZ am Wochenende, Nr. 42 vom 19. 10. 1989, S. 10.
57 Vgl. Häuserbuch der Stadt Magdeburg, Teil 1, a.a.O., S. 79.
58 Magdeburger Adreßbuch 1938, a.a.O., 3. Teil, S. 29.
59 Vgl. Wolter, F. A.: Geschichte der Stadt Magdeburg von ihrem Ursprung bis auf die Gegenwart. Magdeburg 1901, S. 312f.
60 Vgl. Häuserbuch der Stadt Magdeburg, Teil 2, a.a.O., S. 18f.
61 Vgl. Fischer, Johannes: Die Pfälzer Kolonie zu Magdeburg, hrsg. von der Stadt Magdeburg (Magdeburger Kultur- und Wirtschaftsleben, Nr. 19), Magdeburg 1939, S. 101.
62 Vgl. Wolter, F. A., a.a.O., S. 313.
63 Vgl. Gerling, Heinz: Denkmalliste der Stadt Magdeburg, Manuskript, Magdeburg 1990, S. 68.
64 Mrusek, Hans-Joachim: Magdeburg, 2. Aufl., Leipzig 1966, S. 120.
65 Zit. nach: Huber, Hans: Entstehung und Entwicklung der Magdeburger Straßenbahnen Aktiengesellschaft, o. O. 1938, S. 2ff.
66 Vgl. Magdeburgische Zeitung, Nr. 303 vom 3. 7. 1877.
67 Vgl. Huber, Hans, a.a.O., S. 6.
68 Ebenda, S. 22.
69 Ebenda, S. 24.
70 Vgl. 100 Jahre Magdeburger Straßenbahn, hrsg. vom VEB (K) Magdeburger Verkehrsbetriebe, Magdeburg 1977, S. 6, 8.
71 Vgl. Huber, Hans, a.a.O., S. 27.

72 Vgl. Leinung, Wilhelm/Müller, Franz: Magdeburg im Wandel der Zeit. Geschichts- und Kulturbilder aus dem Werdegang Magdeburgs, Magdeburg 1910, S. 99.
73 Vgl. ebenda, S. 100.
74 Magdeburgische Zeitung, Nr. 413 vom 15. 8. 1896.
75 Vgl. Wolter, F. A., a.a.O., S. 308.
76 Vgl. Häuserbuch der Stadt Magdeburg, Teil 1, a.a.O., S. 30.
77 Peters, Otto: Magdeburg und seine Baudenkmäler, Magdeburg 1902, S. 203.
78 Vgl. Berghauer, J. C. F., Teil 2, a.a.O., S. 346.
79 Vgl. Meyers Lexikon, 7. Aufl., Bd. 3, Leipzig 1925, Sp. 1006.
80 Wille, Manfred: Der Himmel brennt über Magdeburg. Die Zerstörung der Stadt im zweiten Weltkrieg, Magdeburg 1990, S. 35.

Aus dem Verlagsprogramm:

Historische Stadtpläne von Sachsen-Anhalt:

Magdeburg	erschienen
Halle	in Vorbereitung
Stendal	in Vorbereitung
Merseburg	in Vorbereitung
Köthen	in Vorbereitung

Zu einer wichtigen Aufgabe im Verlag gehört die Herausgabe von Adreß- und Branchenbücher für die Städte **Magdeburg** (einschl. Wolmirstedt und Schönbeck)
Stendal mit aktuellen Stadtplänen

Demnächste erscheint in der BNR:

Buchholz, Ingeborg
Straßen der Altstadt – Magdeburg

Buchholz, Ingeborg
Magdeburgs Vororte

Asmus, Helmut
Magdeburg – Metropole Sachsen-Anhalts

Asmus, Helmut
Geschichte Sachsen-Anhalts